Impressum
Verlag: BABADADA GmbH, Nedderfeld 112 , 22529 Hamburg
Geschäftsführer / Verlagsleitung: Harald Hof
Druck: Books on Demand GmbH, In de Tarpen 42, 22848 Norderstedt

Imprint
Publisher: BABADADA GmbH, Nedderfeld 112 , 22529 Hamburg, Germany
Managing Director / Publishing direction: Harald Hof
Print: Books on Demand GmbH, In de Tarpen 42, 22848 Norderstedt, Germany

школа

d Schuel

класна кімната
s Klassezimmer

ділити
dividiere

186/2

дошка
d Taflä

шкільний двір
dr Pauseplatz

вчитель
dr Lehrer

папір
s Papier

писати
schribe

ручка
dr Stift

письмовий стіл
dr Schribtisch

лінійка
s Lineal

книга
s Buech

учень
d Schüeler

ранець

dr Thek

пенал

s Etui

олівець

dr Bleistift

точило

dr Spitzer

гумка

s Radiergummi

альбом для малювання

dr Zeicheblock

малюнок

d Zeichnig

пензель

dr Pinsel

коробка фарб

dr Malchaschte

ножиці

d Schär

клей

dr Liim

зошит

s Üebigsheft

домашнє завдання

d Huusufgabe

12

число

d Zahl

2+2

додавати

addiere

5-2

віднімати

subtrahiere

2×2

множити

multipliziere

рахувати

rächne

A

літера

dr Buechstabe

ABCDEFG HIJKLMN OPQRSTU VWXYZ

абетка

s Alphabet

hello

слово

s Wort

текст

dr Text

читати

läse

крейда

d Kriide

година

d Lektion

класний журнал

s Klassäbuech

екзамен

d Prüefig

диплом

s Zügnis

шкільна форма

d Schueluniform

освіта

d Usbildig

лексикон

d Enzyklopädie

університет

d Universität

мікроскоп

s Mikroskop

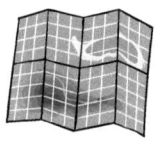

карта

d Charte

кошик для паперу

dr Papierchorb

подорож

d Reis

готель
s Hotel
Grand
турбаза
d Härbärg
ROOMS
обмінний пункт
d Wächselstube
валіза
dr Koffer
автомобіль
s Auto

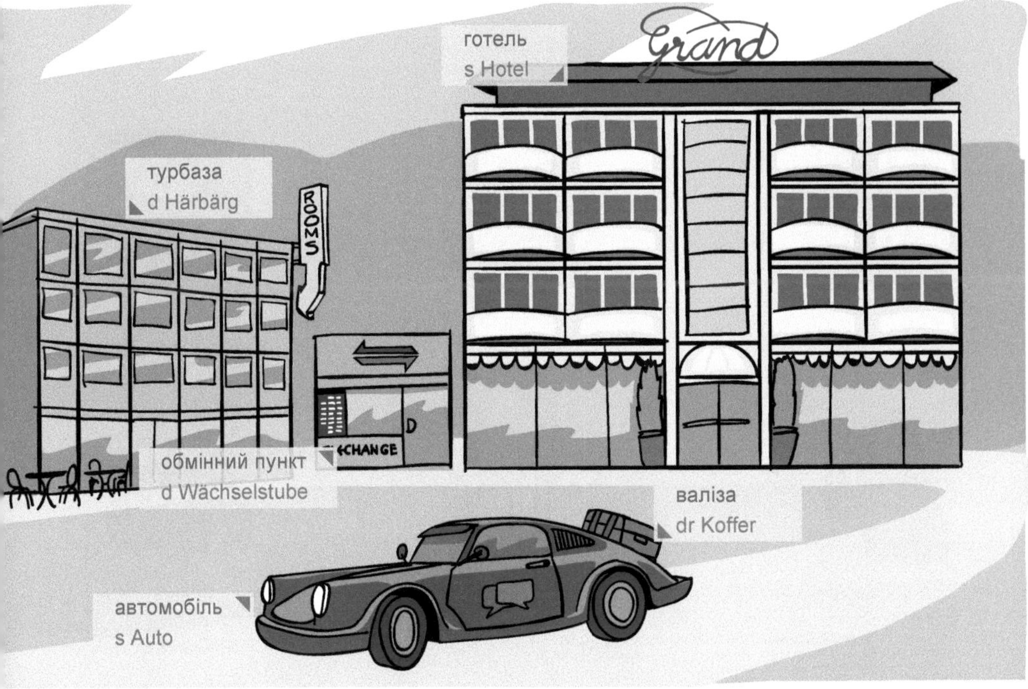

мова

d Sprach

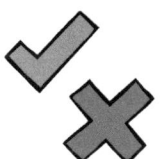

так / ні

jo / nei

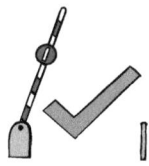

добре

okay

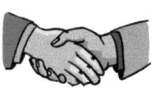

привіт

Hallo

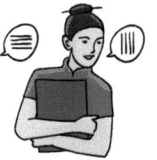

перекладач

dr Dolmetscher

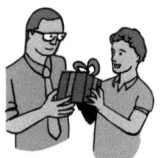

дякую

Dankä

Скільки коштує ...?

Was chostet...?

Я не розумію

Ich vrstahs nöd

проблема

s Problem

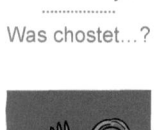

Добрий вечір!

Guete Abig!

Доброго ранку!

guete Morgä!

На добраніч!

guete Abig!

До побачення

Uf Wiederseh

напрямок

d Richtig

багаж

s Bagaasch

сумка

d Täsche

рюкзак

dr Rucksack

гість

dr Gast

кімната

dr Ruum

спальний мішок

dr Schlafsack

намет

s Zält

туристична інформація

d Touristeninformation

пляж

dr Strand

кредитна картка

d Kreditkarte

сніданок

s Zmorge

обід

s Zmittag

вечеря

s Znacht

квиток

s Billet

ліфт

dr Ufzug

поштова марка

d Briefmarke

межа

d Gränze

митниця

dr Zoll

посольство

d Botschaft

віза

s Visum

паспорт

dr Pass

транспорт
dr Transport

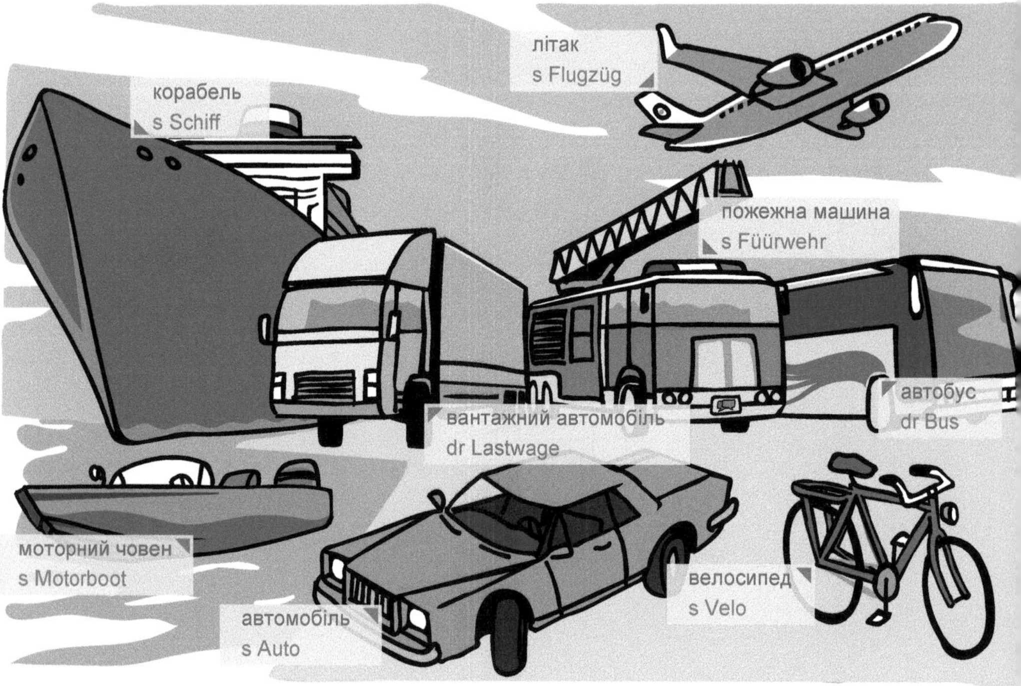

літак
s Flugzüg

корабель
s Schiff

пожежна машина
s Füürwehr

автобус
dr Bus

вантажний автомобіль
dr Lastwage

моторний човен
s Motorboot

велосипед
s Velo

автомобіль
s Auto

пором

d Fähri

човен

s Boot

мотоцикл

s Töff

поліцейська машина

s Polizeiauto

гоночний автомобіль

s Rännauto

автомобіль на прокат

dr Mietwage

пільне користування авто

s Carsharing

евакуатор

dr Abschleppwage

сміттєвоз

dr Chübelwage

двигун

dr Motor

паливо

s Benzin

автозаправна станція

d Tankstell

дорожній знак

s Verkehrsschild

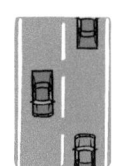

рух

dr Verchehr

затор

dr Stau

стоянка

dr Parkplatz

вокзал

dr Bahnhof

рейки

d Schiene

потяг

dr Zug

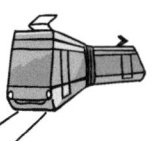

трамвай

d Strassebahn

вагон

dr Wagon

гелікоптер
dr Helikopter

аеропорт
dr Flughafe

вежа
dr Tower

пасажир
dr Passagier

контейнер
dr Container

коробка
dr Karton

візок
dr Chare

кошик
dr Korb

стартувати / приземлятися
starte / lande

місто
d Stadt

село
s Dorf

центр міста
s Stadtzentrum

дім
s Huus

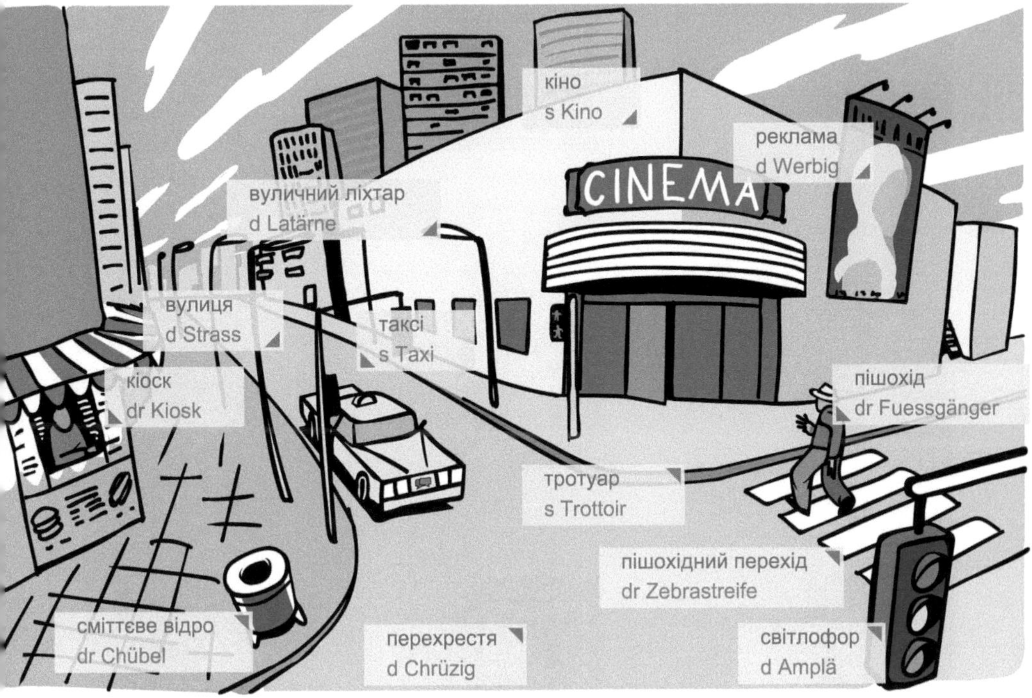
кіно
s Kino
реклама
d Werbig
CINEMA
вуличний ліхтар
d Latärne
вулиця
d Strass
таксі
s Taxi
кіоск
dr Kiosk
пішохід
dr Fuessgänger
тротуар
s Trottoir
пішохідний перехід
dr Zebrastreife
сміттєве відро
dr Chübel
перехрестя
d Chrüzig
світлофор
d Amplä

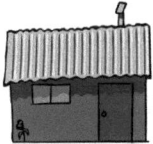

хатина

d Hütte

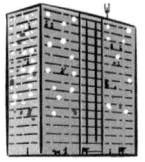

квартира

d Wohnig

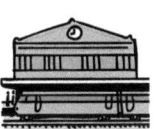

вокзал

dr Bahnhof

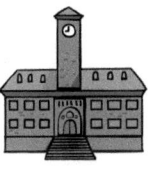

ратуша

s Gmeindshuus

MUSEUM

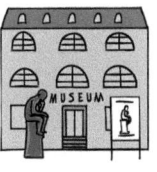

музей

s Museum

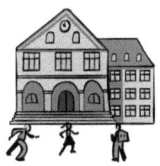

школа

d Schuel

університет

d Universität

банк

d Bank

лікарня

s Spital

готель

s Hotel

аптека

d Apotheke

офіс

s Büro

книжковий магазин

s Buechgschäft

магазин

s Gschäft

квітковий магазин

dr Bluemelade

супермаркет

dr Läbensmittellade

ринок

dr Märt

універмаг

s Chaufhuus

торговець рибою

dr Fischhändler

торговельний центр

s Iihkaufszentrum

гавань

dr Hafe

парк

dr Park

лава

d Bank

міст

d Brugg

сходи

d Stäge

метро

d U-Bahn

тунель

dr Tunnell

автобусна зупинка

d Bushaltestell

бар

d Bar

ресторан

s Restaurant

поштова скринька

dr Briefchastä

вулична табличка

s Strasseschild

лічильник паркування

d Parkuhr

зоопарк

dr Zolli

басейн

d Badi

мечеть

d Moschee

ферма

dr Buurehof

забруднення навколишнього середовища

d Umwältvrschmutzig

кладовище

dr Fridhof

церква

d Chile

дитячий майданчик

dr Spielplatz

храм

dr Tämpel

ландшафт
d Landschaft

листок
s Blatt

вказівний стовп
dr Wägwiiser

шлях
dr Wäg

луг
d Wise

камінь
dr Stei

мандрівник
dr Wanderer

дерево
dr Baum

річка
dr Fluss

трава
s Gras

квітка
d Bluamä

долина
s Tal

гора
dr Bärg

озеро
dr See

ліс
dr Wald

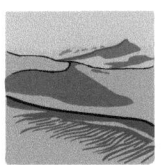

пустеля
d Wüeschti

вулкан
dr Vulkan

замок
s Schloss

веселка
dr Rägeboge

гриб
dr Pilz

пальма
d Palme

комар
dr Moskito

муха
d Fliege

мурашка
d Ameise

бджола
s Biendli

павук
d Spinne

ландшафт - d Landschaft

жук

dr Chäfer

жаба

dr Frosch

вивірка

s Eichhörnli

їжак

dr Igel

заєць

dr Haas

сова

d Üle

птах

d Vogu

лебідь

dr Schwan

кабан

s Wildschwein

олень

dr Hirsch

лось

dr Elch

гребля

dr Damm

вітряк

d Windturbine

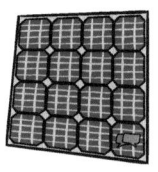

сонячний модуль

dr Sunnekollektor

клімат

s Klima

ресторан
s Restaurant

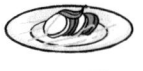

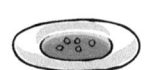

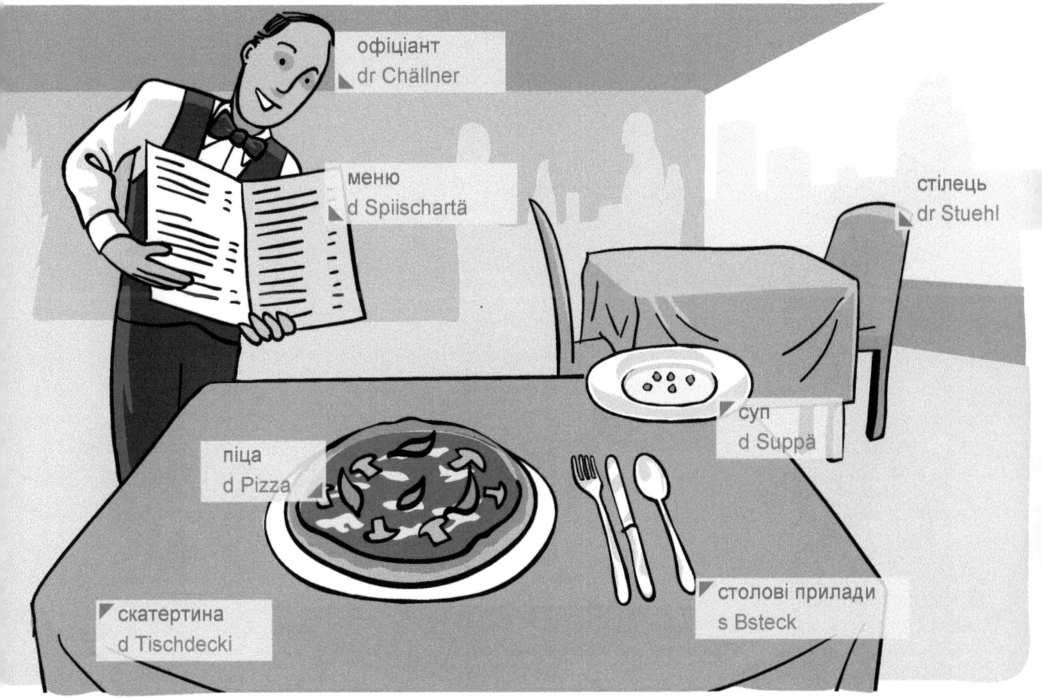
офіціант
dr Chällner
меню
d Spiischartä
стілець
dr Stuehl
суп
d Suppä
піца
d Pizza
столові прилади
s Bsteck
скатертина
d Tischdecki

закуска

d Vorspiies

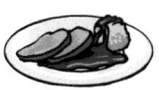

друга страва

s Hauptgricht

десерт

s Dessert

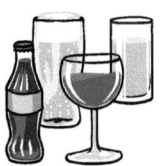

напої

s Getränk

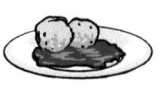

їжа

d Läbensmittel

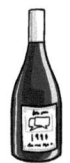

пляшка

d Fläsche

фаст-фуд

s Fast Food

вулична їжа

s Street Food

чайник

d Teechanne

цукорниця

d Zuckerdosä

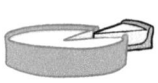

порція

d Portion

еспресо-машина

d Espressomaschine

високий стільчик

dr Hochstuehl

рахунок

d Rächnig

піднос

s Tablett

ніж

s Mässer

вилка

d Gable

ложка

dr Löffel

чайна ложка

dr Teelöffel

серветка

d Serviette

склянка

s Glas

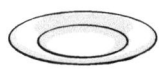

тарілка

dr Täller

тарілка для супу

dr Suppetällär

блюдце

d Untertasse

соус

d Sose

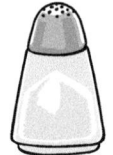

солонка

dr Salzstreuer

млин для перцю

d Pfäffermühli

оцет

dr Essig

масло

s Öl

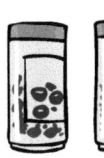

спеції

d Gwürz

кетчуп

ds Ketchup

гірчиця

dr Sänf

майонез

d Mayonnaise

супермаркет

dr Läbensmittellade

пропозиція
s Ahgebot
FOR
клієнт
dr Chund
молочні продукти
d Milchprodukt
фрукти
d Früchт
візок для покупок
dr lichaufswage

BUTCHERS

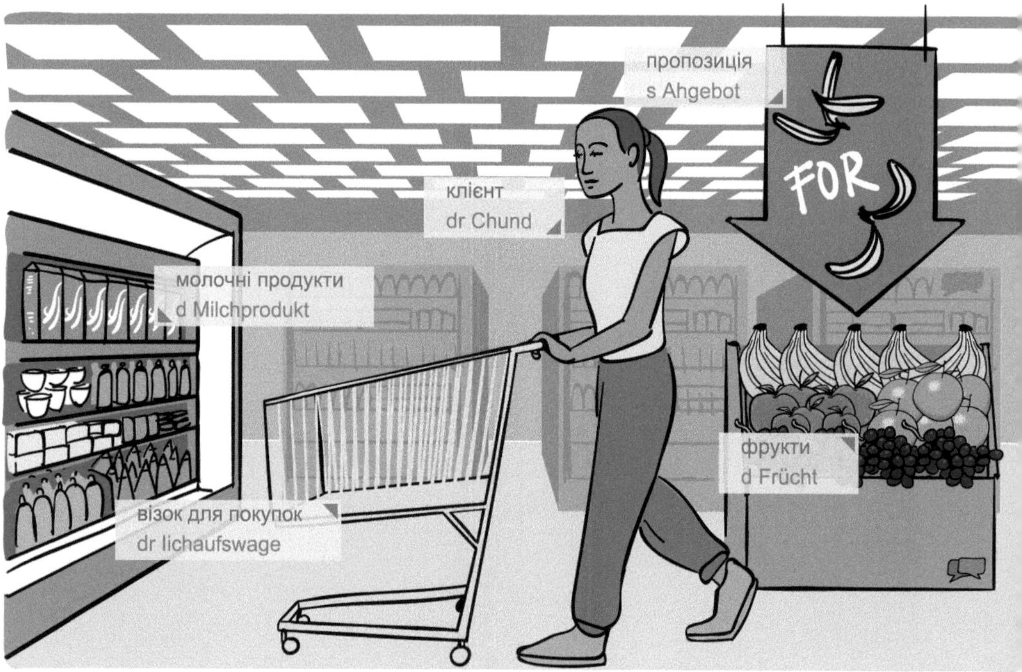

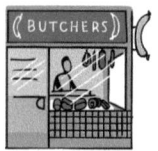

м'ясний магазин

dr Schlachter

BAKERY

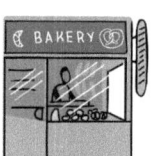

пекарня

dr Beck

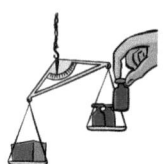

зважувати

wiege

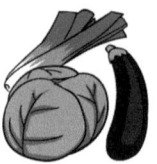

овочі

s Gmües

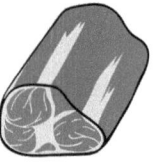

м'ясо

s Fleisch

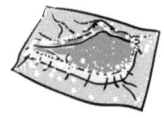

заморожені продукти

d Tiefkühlprodukt

ковбасна нарізка

dr Ufschnitt

консерви

d Konsärve

пральний порошок

s Wöschmittel

солодощи

d Süessigkeite

предмети домашнього
побуту

d Huushaltartikel

мийний засіб

s Putzmittel

продавщиця

d Verchäuferin

каса

d Kassä

касир

dr Kassierer

список покупок

d Ihchaufsliste

часи роботи

d Öffnigszite

гаманець

s Portemonnaie

кредитна картка

d Kreditkarte

сумка

d Täsche

поліетиленовий пакет

dr Plastiksack

вода

s Wasser

сік

dr Saft

молоко

d Milch

кола

d Cola

вино

dr Wii

пиво

s Bier

алкоголь

dr Alkohol

какао

s Ovi

чай

dr Tee

кава

dr Kafi

еспресо

dr Espresso

капучіно

dr Cappuccino

банан

d Banane

яблуко

dr Öpfel

апельсин

d Orange

кавун

d Melone

лимон

d Zitrone

морква

s Rüebli

часник

dr chnoobli

бамбук

dr Bambus

цибуля

d Zwiblä

гриб

dr Pilz

горішки

d Nüss

локшина

d Nudle

спагеті

d Spaghetti

рис

dr Riis

салат

dr Salat

картопля фрі

d Pommfrit

смажена картопля

d Bratherdöpfel

піца

d Pizza

гамбургер

dr Hamburgär

бутерброд

s Sandwich

шніцель

s Gotlett

шинка

dr Schinkä

салямі

d Salami

ковбаса

s Würschtli

курка

s Huehn

печеня

dr Bratä

риба

dr Fisch

вівсяні пластівці

d Haferflocke

мюслі

s Müesli

кукурудзяні пластівці

d Cornflakes

борошно

s Mähl

круасан

s Gipfeli

булочка

s Brötli

хліб

s Brot

тостовий хліб

dr Toscht

печиво

s Guetzli

масло

d Butter

сир

dr Quark

пиріг

dr Chueche

яйце

s Ei

яєчня

s Spiegelei

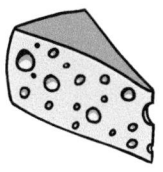

сир

dr Chäs

морозиво

d Glace

цукор

dr Zucker

мед

dr Honig

мармелад

d Gonfi

нуга-крем

d Nougat-Creme

карі

s Curry

ферма
dr Buurehof

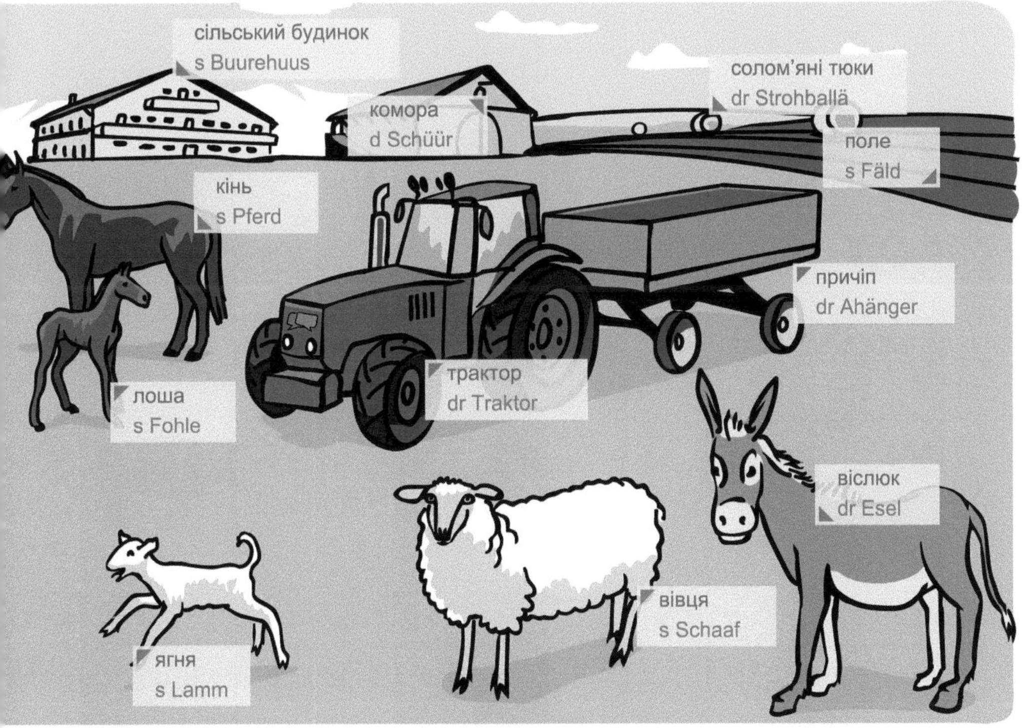

сільський будинок
s Buurehuus
солом'яні тюки
dr Strohballä
комора
d Schüür
поле
s Fäld
кінь
s Pferd
причіп
dr Ahänger
трактор
dr Traktor
лоша
s Fohle
віслюк
dr Esel
вівця
s Schaaf
ягня
s Lamm

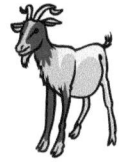

коза

d Geiss

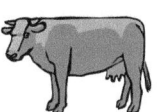

корова

d Chueh

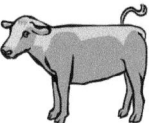

теля

s Chalb

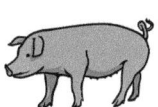

свиня

d Sau

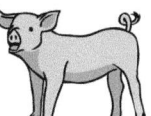

порося

s Ferkel

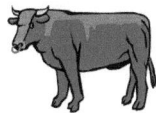

бик

s Rind

гусак

d Gans

качка

d Änte

курча

s Küke

курка

s Huähn

півень

dr Güggel

щур

d Ratte

кіт

d Chatz

миша

d Muus

віл

dr Ochse

собака

dr Hund

собача будка

d Hundehütte

садовий шланг

dr Garteschluuch

лійка

d Giesschanne

коса

d Sägese

плуг

dr Pflueg

серп

d Sichel

мотика

d Hacke

вила

d Heugable

сокира

d Axt

тачка

d Garette

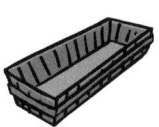

корито

dr Trog

бідон молока

d Milchchanne

мішок

dr Sack

паркан

dr Haag

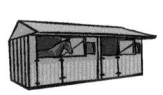

хлів

dr Gadä

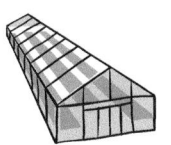

теплиця

s Gwächshuus

ґрунт

dr Bode

насіння

dr Soome

добриво

dr Dünger

комбайн

dr Mähdrescher

пожинати

ärnte

урожай

d Ärnte

корінь ямсу

d Yamswurzle

пшениця

dr Weize

соя

s Soja

картопля

dr Härdöpfel

кукурудза

dr Mais

ріпак

dr Raps

плодове дерево

dr Obstbaum

маніок

dr Maniok

злаки

s Getreide

дім

s Huus

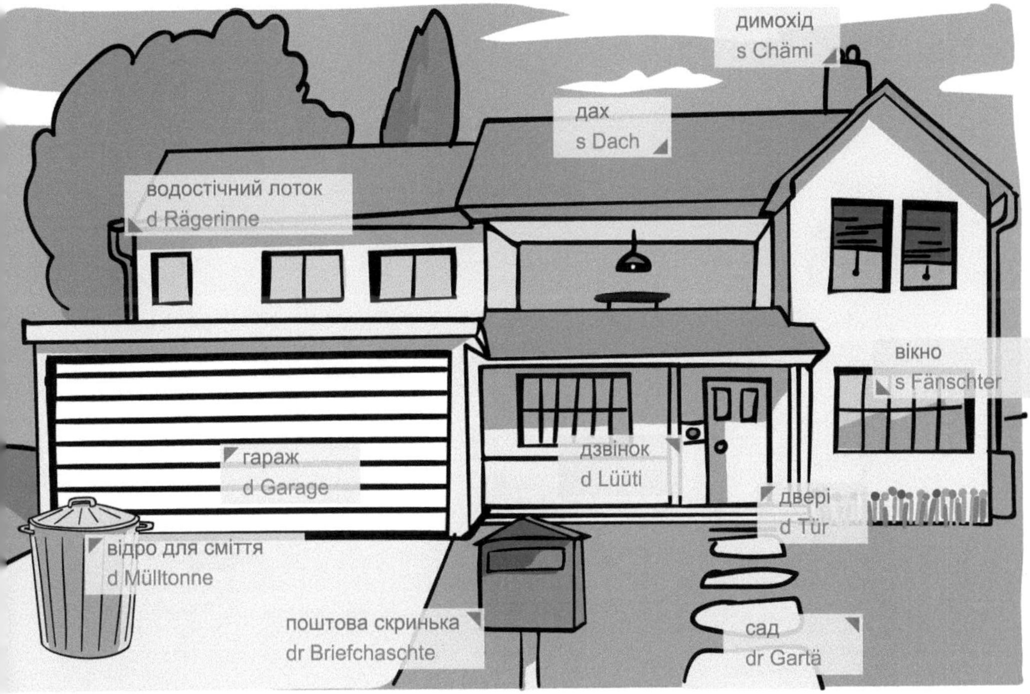

димохід
s Chämi
дах
s Dach
водостічний лоток
d Rägerinne
вікно
s Fänschter
гараж
d Garage
дзвінок
d Lüüti
двері
d Tür
відро для сміття
d Mülltonne
поштова скринька
dr Briefchaschte
сад
dr Gartä

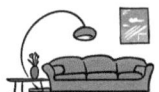

вітальня

s Stubä

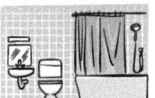

ванна кімната

s Badzimmer

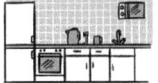

кухня

d Chuchi

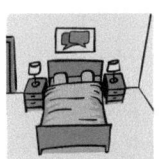

спальня

s Schlofzimmer

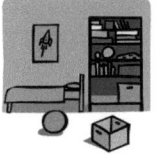

дитяча кімната

s Chinderzimmer

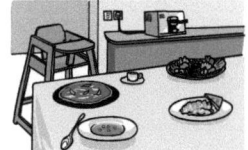

їдальня

s Ässzimmer

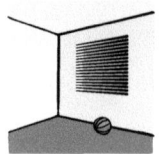

підлога

dr Bodä

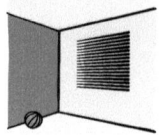

стіна

d Wand

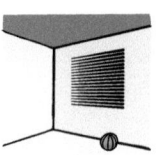

стеля

d Decki

підвал

dr Chäller

сауна

d Sauna

балкон

dr Balkon

тераса

d Terasse

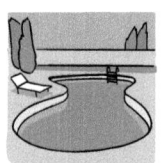

басейн

s Pool

косарка

dr Rasemäier

простирало

dr Bettbezug

ковдра

d Bettdecki

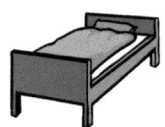

ліжко

s Bett

мітла

dr Bäse

відро

dr Chübel

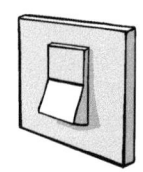

перемикач

dr Schalter

вітальня
s Stubä

шпалери
d Tapete
малюнок
s Bild
лампа
d Lampä
поличка
s Regal
шафа
dr Schrank
телевізор
dr Färnseh
камін
dr Kamin
квітка
d Bluamä
подушка
s Chüssi
диван
s Sofa
ваза
d Vasä
пульт
d Färnbedienig

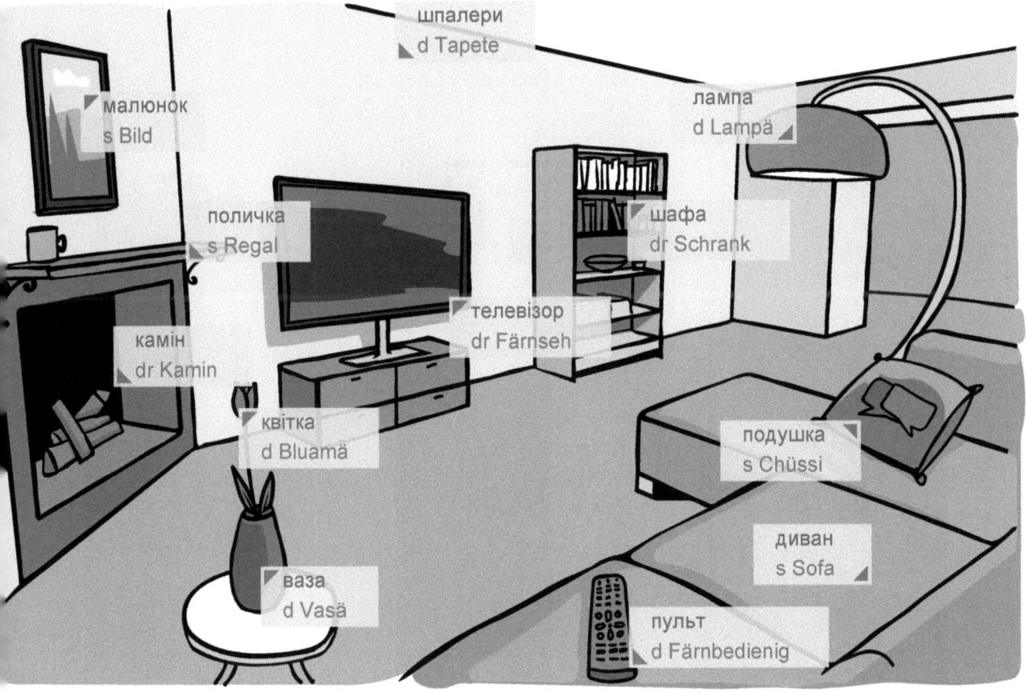

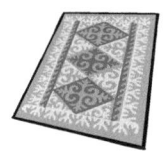

килим
dr Teppich

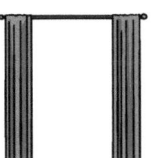

завіса
dr Vorhang

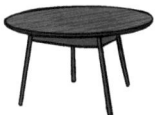

стіл
dr Tisch

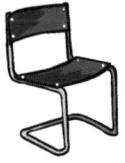

стілець
dr Stuehl

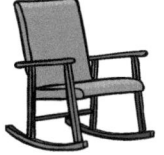

крісло-гойдалка
dr Schaukelstuehl

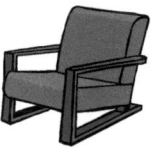

крісло
dr Sässel

книга

s Buech

ковдра

d Decki

прикраса

d Dekoration

дрова

s Füürholz

фільм

dr Film

стереосистема

d Stereoahlag

ключ

dr Schlüssel

газета

d Ziitig

картина

s Bild

плакат

s Poster

радіо

s Radio

блокнот

dr Notizblock

пилосос

dr Staubsuuger

кактус

dr Kaktus

свічка

d Chärze

кухня
d Chuchi

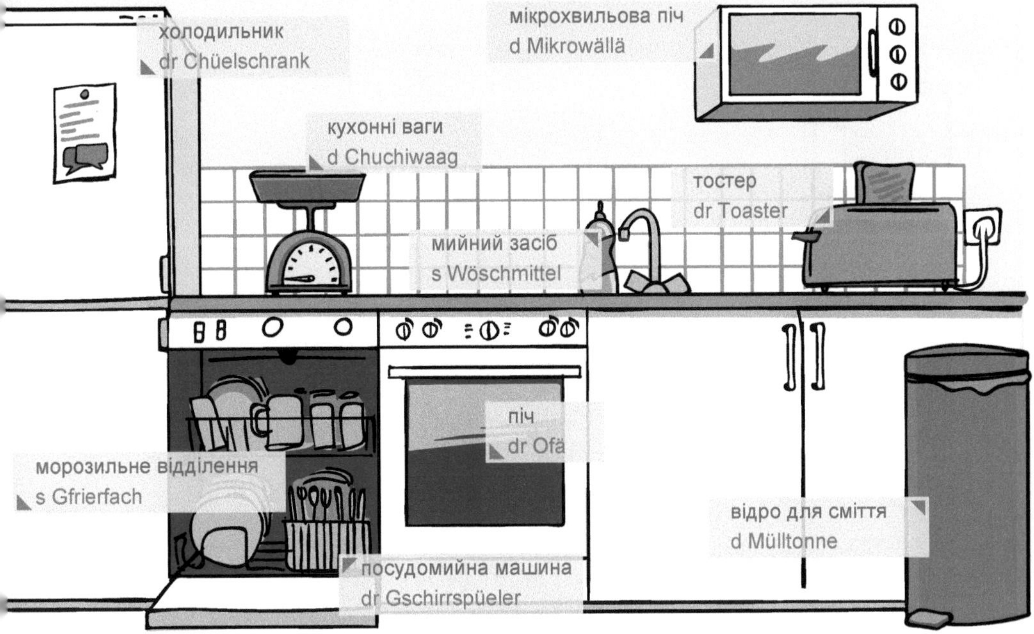
холодильник
dr Chüelschrank
мікрохвильова піч
d Mikrowällä
кухонні ваги
d Chuchiwaag
тостер
dr Toaster
мийний засіб
s Wöschmittel
піч
dr Ofä
морозильне відділення
s Gfrierfach
відро для сміття
d Mülltonne
посудомийна машина
dr Gschirrspüeler

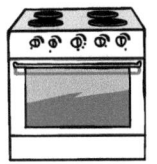

плита
dr Härd

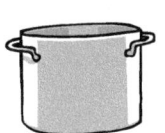

горщик
dr Topf

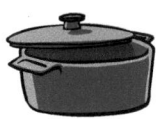

чавунний горщик
dr Iisetopf

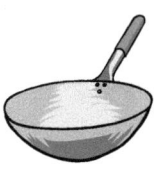

вок / кадай
dr Wok / Kadai

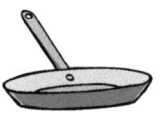

сковорода
d Pfanne

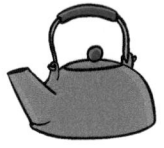

чайник
dr Wasserchocher

пароварка

dr Dampfer

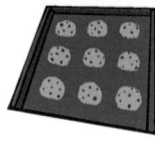

лист

s Bachbläch

посуд

s Gschirr

кухоль

dr Bächer

чаша

d Schale

палички для їжі

d Stäbli

черпак

d Suppechellä

лопатка

dr Pfannewänder

вінчик для збивання

dr Schneebäse

сито

s Sieb

сито

s Sieb

терка

d Raffle

ступка

dr Mörser

барбекю

dr Grill

багаття

d Füürstell

дошка
s Schniidbrätt

качалка
s Nudelholz

штопор
dr Korkäzieher

конзерва
d Dosä

відкривачка
dr Dosäöffner

прихватки
dr Topflappä

раковина
s Wöschbecki

щітка
d Bürste

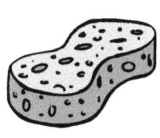

губка
dr Schwumm

міксер
dr Mixer

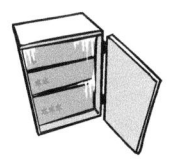

морозильна камера
dr Gfrierschrank

дитяча пляшка
s Babyfläschli

кран
dr Hahnä

ванна кімната

s Badzimmer

опалення
d Heizig
душ
d Duschi
рушник
s Handtuech
душова завіса
dr Duschvorhang
пiниста ванна
s Schumbad
ванна
d Badwanne
склянка
s Glas
пральна машина
d Wöschmaschine
кран
dr Hahnä
плитка
d Fliesä
горшок
s Töpfli
раковина
s Wöschbecki

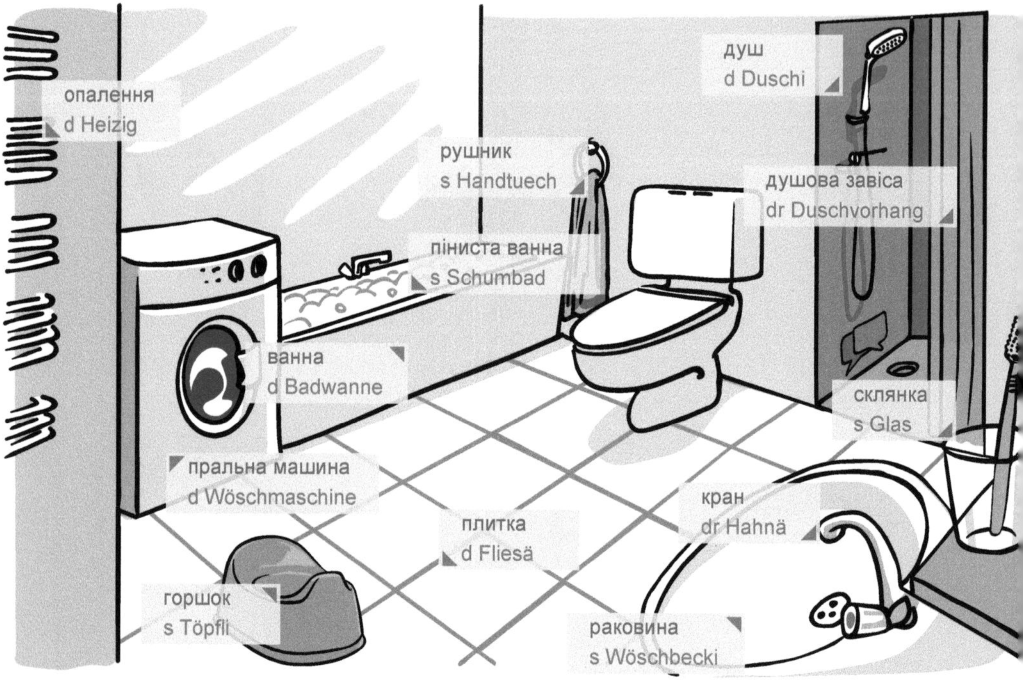

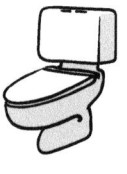

туалет

d Toilette

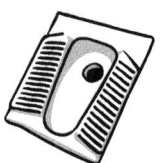

підлоговий туалет

s Plumpsklo

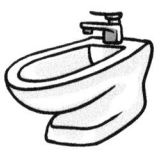

біде

s Bidet

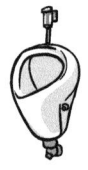

пісуар

s Pissoir

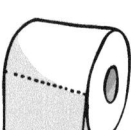

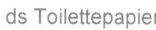

туалетний папір

ds Toilettepapier

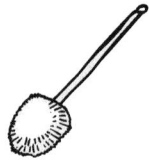

щітка для туалету

d Toilettebürschteli

зубна щітка

d Zahbürstä

зубна паста

d Zahpasta

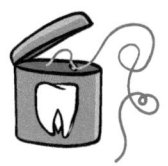

нитка для чищення зубів

d Zahnsiide

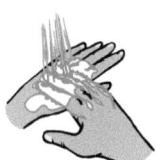

мити

wäsche

ручний душ

d Handduschi

інтимний душ

d Intiimduschi

таз

s Wöschbecki

щітка для спини

d Ruggäbürste

мило

d Seifä

гель для душу

s Duschgel

шампунь

s Shampoo

мочалка

dr Waschlappä

водостік

dr Abfluss

крем

d Creme

дезодорант

s Deo

дзеркало

dr Spiegel

косметичне дзеркало

dr Handspiegel

бритва

dr Rasierer

піна для гоління

dr Rasierschuum

лосьйон після гоління

s Aftershave

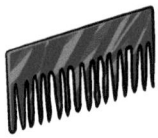

гребінь

dr Schträäl

щітка

d Bürstä

фен

dr Föhn

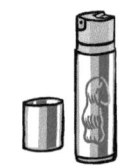

лак для волосся

s Hoorspray

косметика

s Makeup

губна помада

dr Lippestift

лак для нігтів

dr Nagellack

вата

d Wattä

ножиці для нігтів

d Nagelscher

парфум

s Parfum

косметичка

s Necessaire

табурет

dr Schemel

ваги

d Waag

халат

dr Badmantel

гумові рукавички

dr Gummihändscheh

тампон

s Tampon

гігієнічні прокладки

d Damebinde

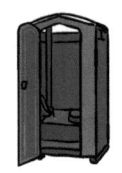

біотуалет

d chemischi Toilette

дитяча кімната
s Chinderzimmer

будильник
dr Wecker
м'яка іграшка
s Kuscheltier
іграшковий автомобіль
s Spielzügauto
брязкальце
d Rassle
ляльковий будиночок
s Puppehuus
подарунок
s Gschänk

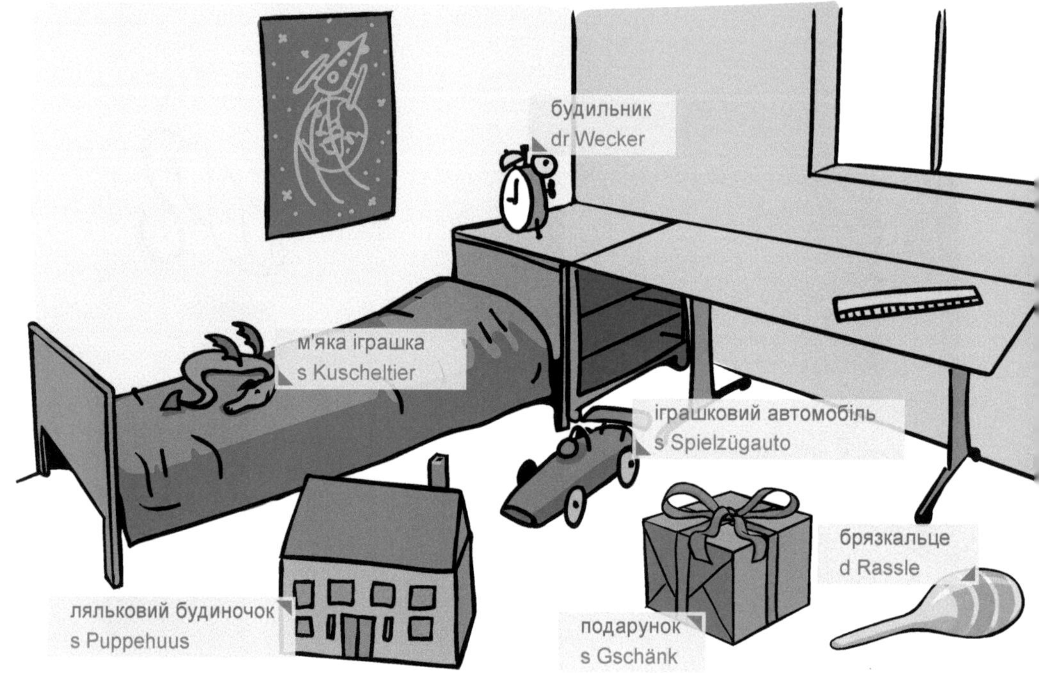

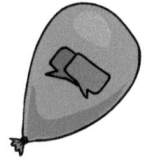

повітряна кулька

dr Ballon

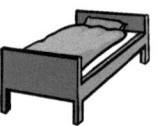

ліжко

s Bett

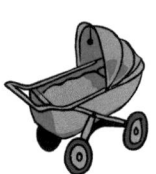

дитячий візок

dr Chinderwage

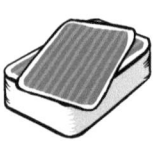

картярська гра

s Chartespiel

пазл

s Puzzle

SUPER
MEGA

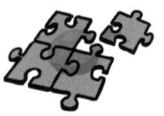

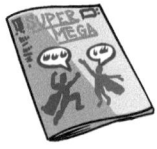

комікс

dr Comic

лего цеглинки

d Legos

блоки

d Baustei

іграшкова фігурка

d Action Figur

повзунки

s Strampli

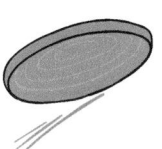

фризбі

s Frisbee

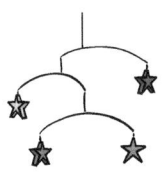

мобіле

s Mobile

настільна гра

s Brättspiel

кубик

dr Würfäl

модель залізнична станція

d Modellisebahn

соска

dr Nuggi

вечірка

d Party

книжка з картинками

s Bilderbuch

м'яч

dr Ball

лялька

d Puppä

грати

spiele

пісочниця

dr Sandchaschte

гойдалка

d Gigampfi

іграшка

s Spielzüg

гральна консоль

d Videospielkonsole

триколісний велосипед

s Dreirad

плюшевий мішка

dr Teddy

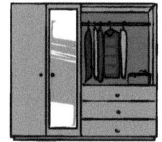

шафа

dr Chleiderschrank

одяг

d Chleidig

шкарпетки

d Sockä

панчохи

d Strümpf

колготки

d Strumpfhosä

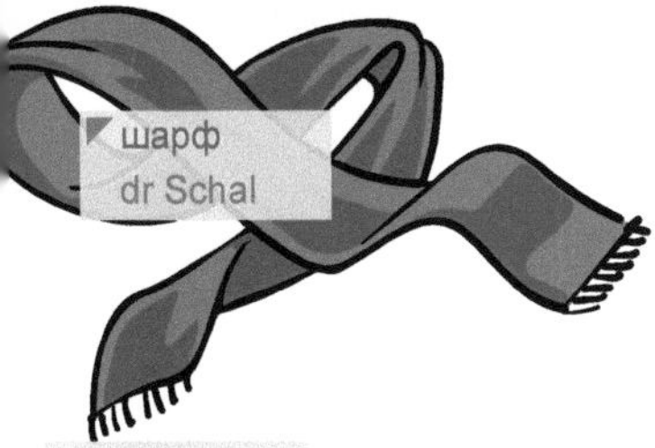

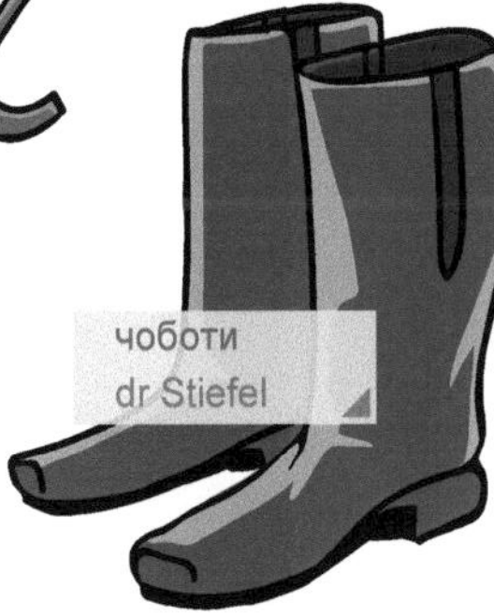

шарф
dr Schal

парасоля
dr Rägeschirm

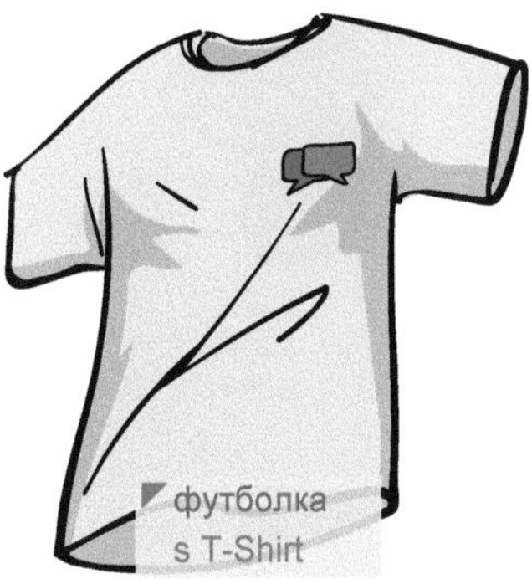

футболка
s T-Shirt

ремінь
dr Gürtel

чоботи
dr Stiefel

домашнє взуття
d Badschlappe

кросівки
d Turnschueh

сандалі
....
d Sandalä

взуття
....
d Schueh

гумові чоботи
....
d Gummistiefel

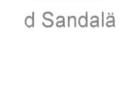

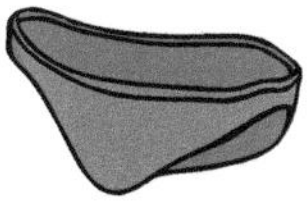

труси
....
d Untrhosä

бюстгальтер
....
dr BH

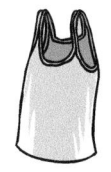

нижня сорочка
....
s Underlibli

боді

dr Body

штани

d Hosä

джинси

d Jeans

спідниця

dr Rock

блузка

d Bluse

сорочка

s Hömli

пуловер

dr Pulli

светр

dr Kapuzepulli

піджак

dr Blazer

куртка

d Jacke

пальто

dr Mantel

дощовик

dr Rägämantel

костюм

s Chostüm

сукня

s Chleid

весільна сукня

s Hochziitskleid

костюм

dr Ahzug

нічна сорочка

s Nachthömli

піжама

s Pyjama

сарі

dr Sari

головна хустка

s Chopftuäch

чалма

dr Turban

бурка

d Burka

кафтан

dr Kaftan

абая

d Abaya

купальник

s Badchleid

плавки

d Badhose

шорти

d churzi Hosä

тренувальний костюм

dr Trainer

фартух

d Schürze

рукавички

d Händsche

гудзик

dr Chnopf

окуляри

d Brüllä

браслет

s Armband

ланцюг

d Chetti

кільце

dr Ring

сережка

dr Ohrering

шапка

d Chappe

плічка

dr Chleiderbügel

капелюх

dr Huet

краватка

d Grawattä

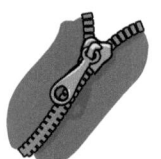

застібка-блискавка

dr Riissverschluss

шолом

dr Helm

підтяжки

dr Hosäträger

шкільна форма

d Schueluniform

уніформа

d Uniform

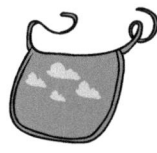

нагрудник

s Lätzli

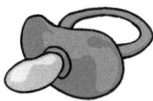

соска

dr Nuggi

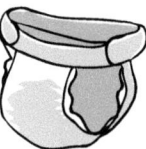

підгузок

d Windle

офіс

s Büro

сервер
dr Server
шаф для документів
dr Akteschrank
принтер
dr Drucker
папір
s Papier
монітор
dr Monitor
миша
d Muus
письмовий стіл
dr Schribtisch
папка
dr Ordner
синтезатор
d Taschtatur
кошик для паперу
dr Papierchorb
комп'ютер
dr Computer
стілець
dr Stuehl

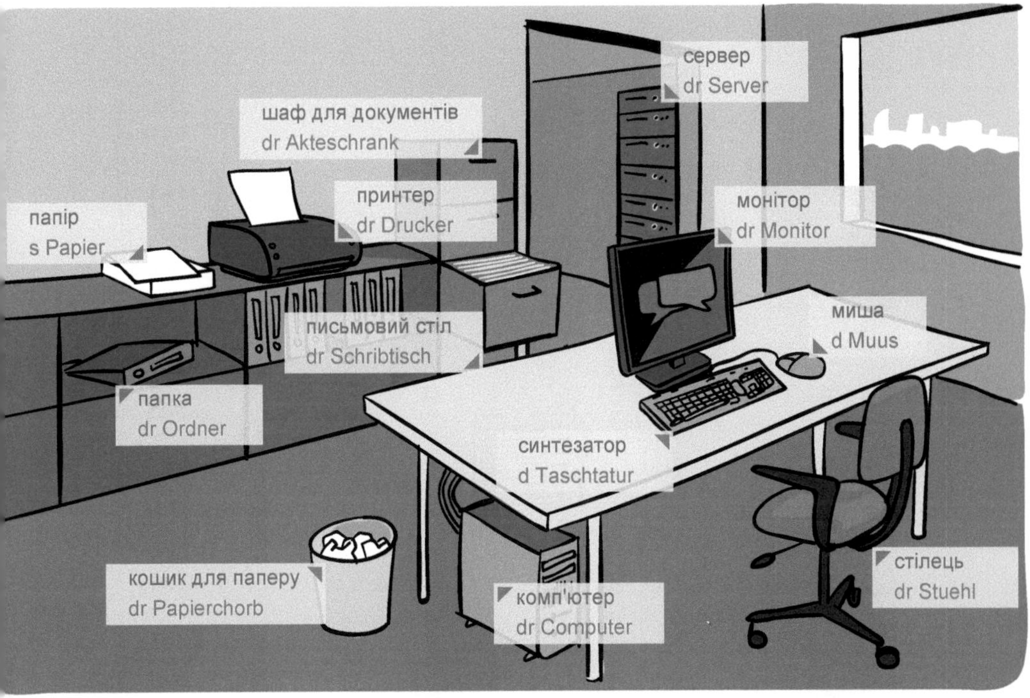

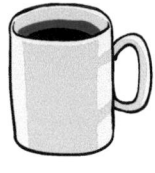

кавовий кухоль

dr Kafibächer

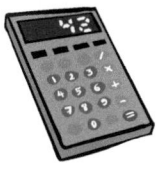

калькулятор

dr Tascherächner

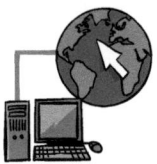

інтернет

s Internet

ноутбук

dr Laptop

лист

dr Brief

повідомлення

d Nochricht

мобільний телефон

s Mobiltelefon

мережа

s Netzwärk

копіювальний пристрій

dr Kopierer

програмне забезпечення

d Software

телефон

s Telefon

розетка

d Steckdosä

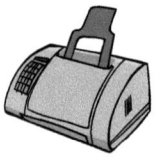

факс

s Fax

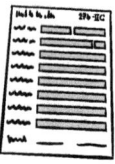

бланк

s Formular

документ

s Dokumänt

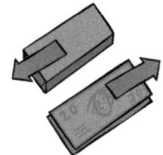

купувати

chaufe

платити

zahle

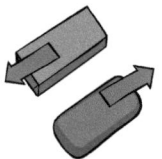

торгувати

handle

гроші

s Gäld

долар

dr Dollar

євро

dr Euro

ієна

dr Yen

рубль

dr Rubel

франк

dr Frankä

юанів женьміньбі

dr Renminbi Yuan

рупія

d Rupie

банкомат

dr Gäldautomat

обмінний пункт

d Wächselstube

золото

s Gold

срібло

s Silber

нафта

s Öl

енергія

d Energie

ціна

dr Preis

контракт

dr Vertrag

податок

d Stüür

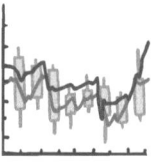

акція

d Aktie

працювати

schaffe

працівник

dr Mitarbeiter

роботодавець

dr Arbeitgeber

фабрика

d Fabrik

магазин

s Gschäft

поліцейський
dr Polizischt

пожежник
dr Füürwehrmaa

повар
dr Choch

лікар
dr Arzt

пілот
dr Pilot

садівник
dr Gärtner

столяр
dr Zimmermah

швачка
d Näheri

суддя
dr Richter

хімік
dr Chemiker

актор
dr Darsteller

водій автобуса

dr Busfahrer

таксист

dr Taxifahrer

рибалка

dr Fischer

прибиральниця

d Putzfrau

покрівельник

dr Dachdecker

офіціант

dr Chällner

мисливець

dr Jäger

художник

dr Moler

пекар

dr Bäcker

електрик

dr Elektriker

будівельник

dr Bauarbeiter

інженер

dr Ingenieur

забійник

dr Schlachter

бляхар

dr Klämpner

листоноша

dr Pöschtler

солдат
dr Soldat

архітектор
dr Architekt

касир
dr Kassierer

флорист
dr Florischt

перукар
dr Frisör

кондуктор
dr Kontrolleur

механік
dr Mechaniker

капітан
dr Kapitän

дантист
dr Zahnarzt

вчений
dr Wüsseschaftler

рабин
dr Rabbi

імам
dr Imam

монах
dr Mönch

пастор
dr Pfarrer

інструменти

d Werkzüüg

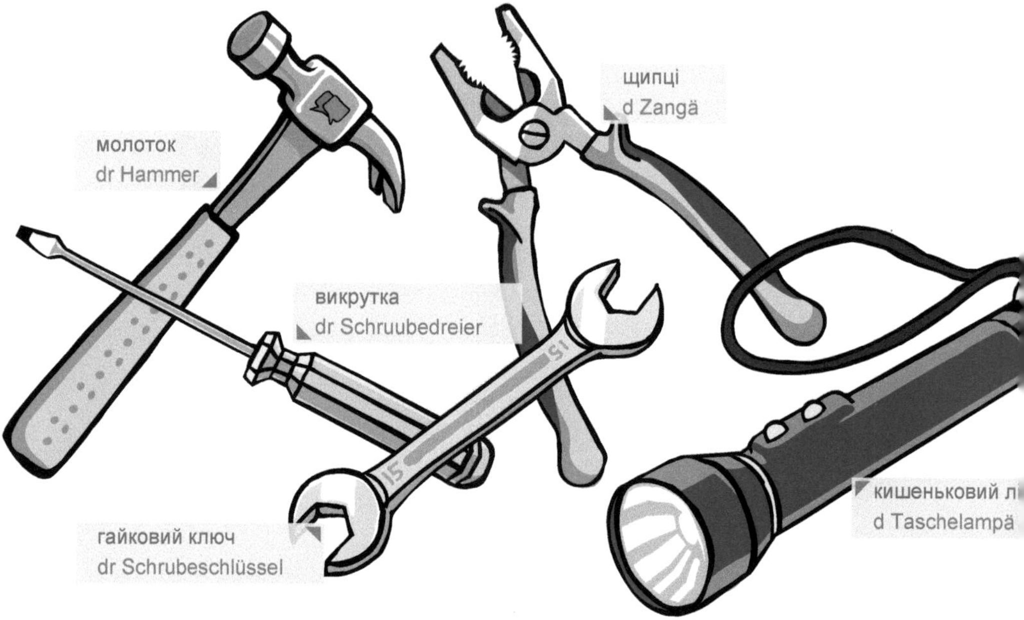

щипці
d Zangä
молоток
dr Hammer
викрутка
dr Schruubedreier
кишеньковий л
d Taschelampä
гайковий ключ
dr Schrubeschlüssel

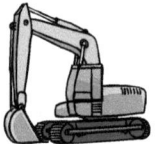

екскаватор

dr Bagger

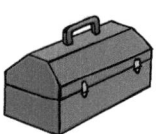

ящик для інструментів

dr Werkzüügchaschte

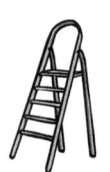

драбина

d Leitere

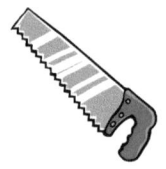

пилка

d Sagi

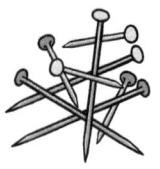

цвяхи

d Negel

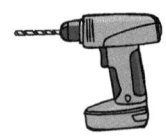

свердло

dr Bohrer

ремонтувати

flicke

лопата

d Schufle

лайно!

Mischt!

совок

d Ascheschufle

відро з фарбою

dr Farbchübel

гвинти

d Schruube

музичні інструменти
d Musiginstrumänt

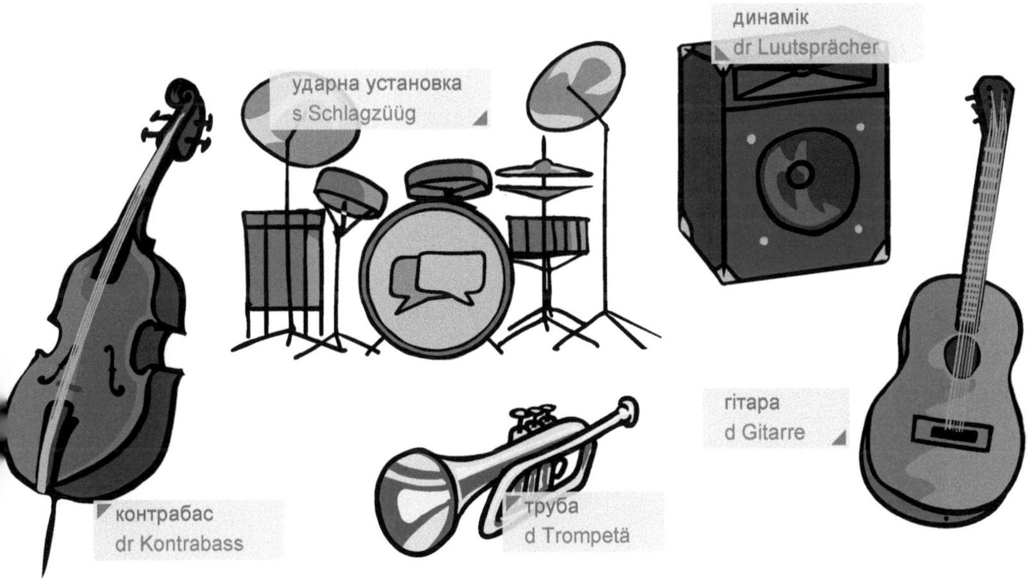

ударна установка
s Schlagzüüg

динамік
dr Luutsprächer

гітара
d Gitarre

контрабас
dr Kontrabass

труба
d Trompetä

фортепіано

s Klavier

скрипка

d Violine

бас

dr Bass

литаври

d Pauke

барабан

d Trummle

клавіатура

s Keyboard

саксофон

s Saxophon

флейта

d Flöte

мікрофон

s Mikrofon

зоопарк
dr Zolli

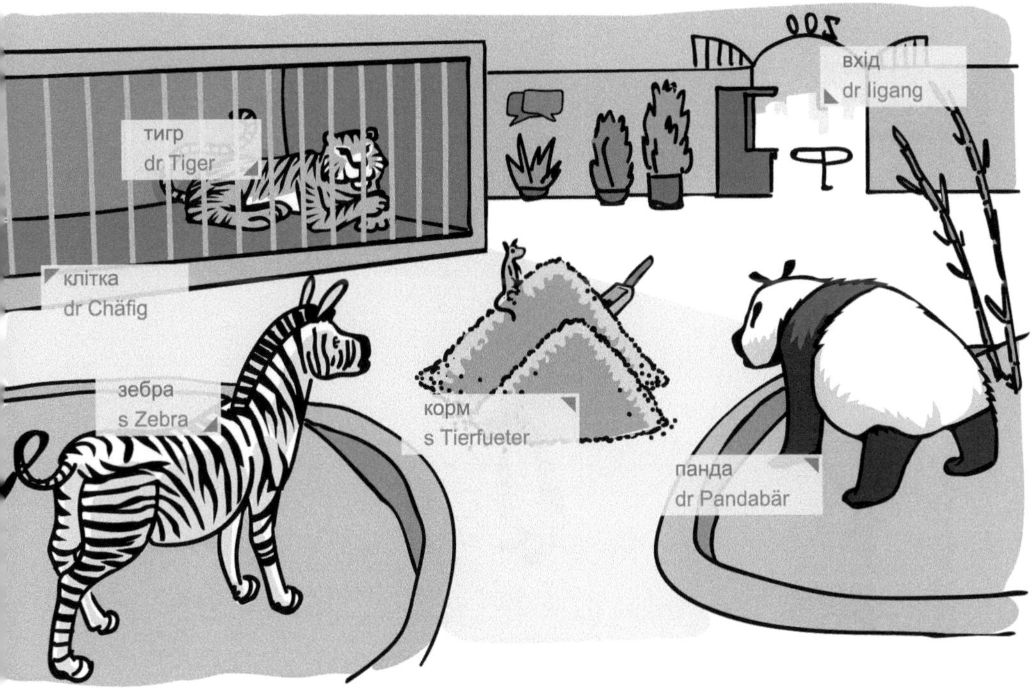
вхід
dr Iigang
тигр
dr Tiger
клітка
dr Chäfig
зебра
s Zebra
корм
s Tierfueter
панда
dr Pandabär

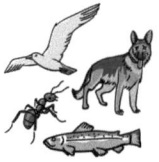

тварини

d Tier

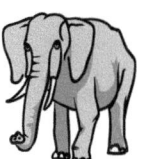

слон

dr Elefant

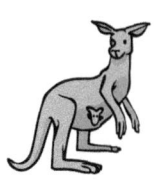

кенгуру

s Känguru

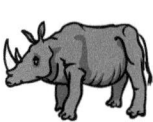

носоріг

s Nashorn

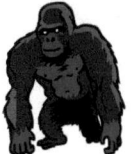

горила

dr Gorilla

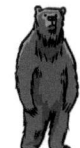

ведмідь

dr Bär

верблюд

s Kamel

страус

dr Struss

лев

dr Leu

мавпа

dr Aff

фламінго

dr Flamingo

папуга

dr Papagei

білий ведмідь

dr Iisbär

пінгвін

dr Pinguin

акула

dr Hai

павич

dr Pfau

змія

d Schlangä

крокодил

s Krokodil

працівник зоопарку

dr Zoowärter

тюлень

d Robbä

ягуар

dr Jaguar

поні

s Pony

леопард

dr Leopard

гіпопотам

s Nilpfärd

жираф

d Giraff

орел

dr Adler

кабан

s Wildschwein

риба

dr Fisch

черепаха

d Schildkrot

морж

s Walross

лисиця

dr Fuchs

газель

d Gazelle

американський футбол
s American Football

їзда на велосипеді
s Velofahre

теніс
s Tennis

баскетбол
dr Basketball

плавання
s Schwümmä

бокс
s Boxä

хокей
s lishockey

футбол
dr Fuessball

бадмінтон
s Badminton

легка атлетика
d Liechtathletik

гандбол
dr Handball

лижні перегони
s Skifahre

поло
s Polo

сміятися
lachä

стрибати
springä

обіймати
umarme

йти
gah

співати
singe

мріяти
troime

молитися
bätte

цілувати
küssä

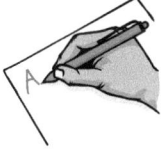

писати
schribe

малювати
zeichne

показувати
zeige

тиснути
schiebe

давати
gäh

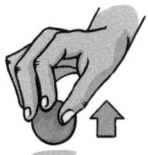

брати
näh

мати

händ

робити

mache

бути

sy

стояти

stah

бігати

laufe

тягнути

zieh

кидати

rüerä

падати

fallä

лежати

ligge

очікувати

warte

носити

träge

сидіти

sitze

одягати

ahzieh

спати

schlafe

просипатися

ufwache

дивитися

ahluege

плакати

brüele

гладити

striichle

розчісувати

bürste

розмовляти

redä

розуміти

verschtah

питати

froog

слухати

lose

пити

trinke

їсти

ässe

прибирати

ufruume

любити

liebe

варити

chochä

їхати

fahre

літати

flüge

йти під вітрилом

segle

рахувати

rächne

читати

läse

вчитися

leerä

працювати

schaffe

одружуватися

hürate

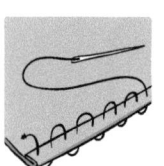

шити

näije

чистити зуби

Zäh putze

убивати

töte

курити

schlootä

посилати

sände

абуся
Grossmuetter

дідуся
dr Grossvater

батько
dr Vatter

мати
d Muetter

немовля
s Baby

донька
d Tochter

син
dr Sohn

гість

dr Gast

тітка

d Tante

дядько

dr Unkel

брат

dr Brüeder

сестра

d Schwöschter

тіло
dr Körpär

чоло
d Stirn
око
ds Aug
плече
d Schultere
палець
dr Fingär
обличчя
s Gsicht
підборіддя
s Chüni
кисть
d Hand
нога
s Bei
груди
d Bruscht
рука
dr Arm

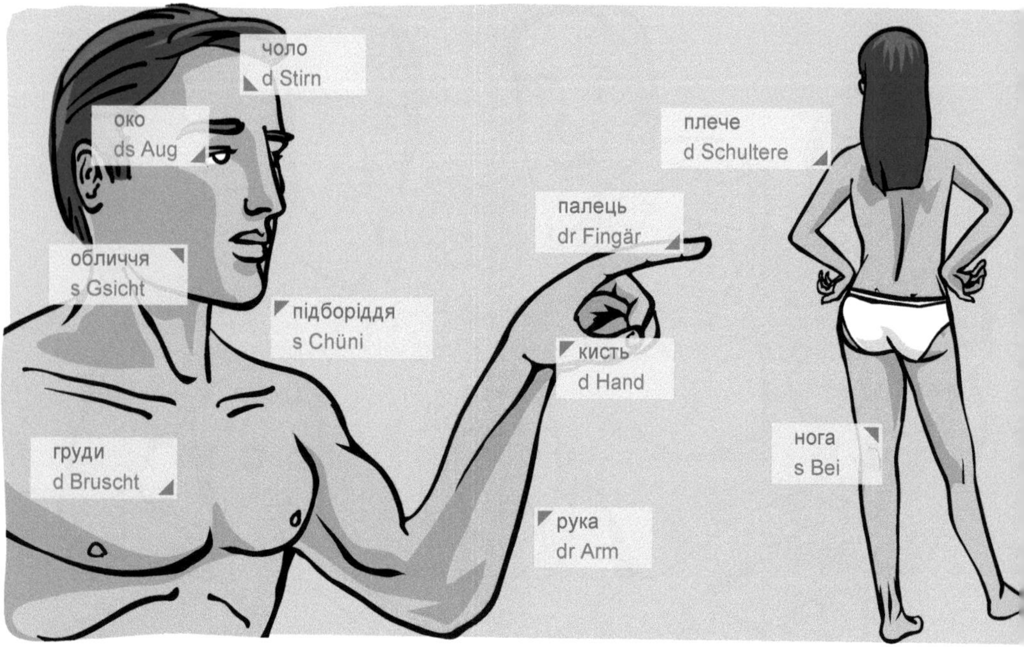

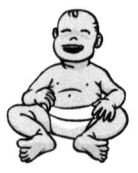

немовля

s Baby

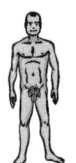

чоловік

dr Mah

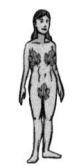

жінка

d Frau

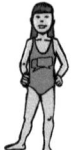

дівчина

s Meitli

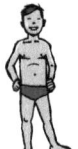

хлопчик

dr Bueb

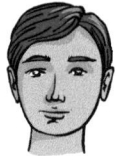

голова

dr Chopf

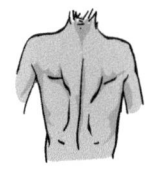

спина

dr Ruggä

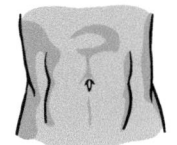

живіт

dr Buuch

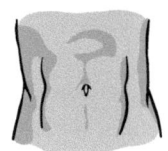

пуп

dr Buchnabel

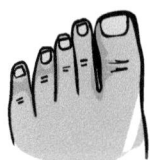

палець ноги

dr Zäche

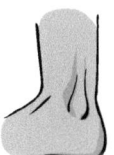

п'ята

d Fersä

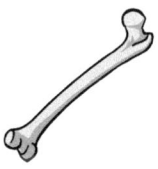

кістка

d Knoche

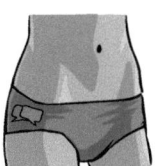

стегно

d Hüfte

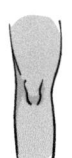

коліно

s Chnü

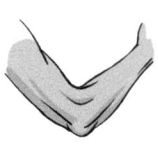

лікоть

dr Ellbogä

ніс

d Nase

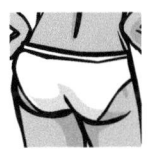

сідниці

s Füdli

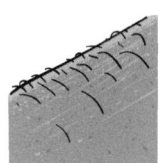

шкіра

d Hut

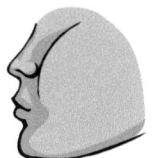

щока

d Bagge

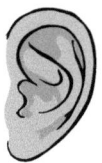

вухо

s Ohr

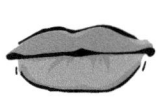

губа

d Lippe

тіло - dr Körpär

рот

s Muul

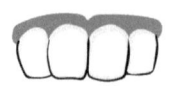

зуб

dr Zah

язик

d Zungä

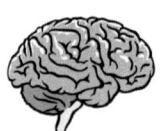

мозок

s Hirni

серце

s Härz

м'яз

dr Muskel

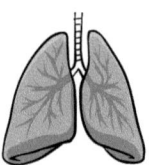

легені

d Lungä

печінка

d Läberä

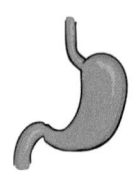

шлунок

dr Magen

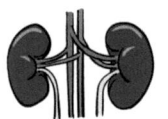

нирки

d Nierä

статевий акт

dr Gschlächtsvrkehr

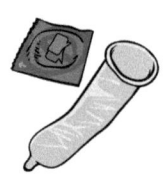

презерватив

s Kondom

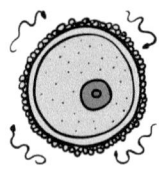

яйцеклітина

d Eizälle

сперма

dr Soome

вагітність

d Schwangerschaft

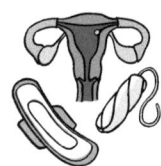

менструація
d Menstruation

вагіна
d Vagina

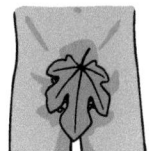

пеніс
dr Penis

брова
d Augebrauä

волосся
s Haar

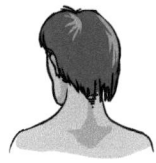

шия
dr Hals

лікарня

s Spital

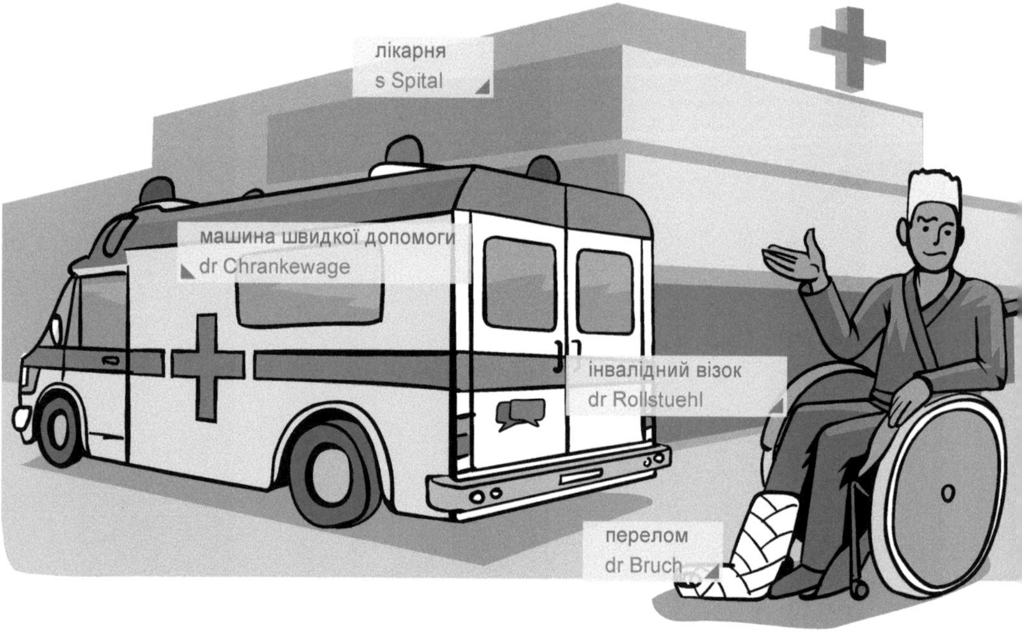

лікарня
s Spital
машина швидкої допомоги
dr Chrankewage
інвалідний візок
dr Rollstuehl
перелом
dr Bruch

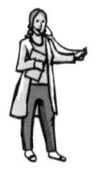

лікар

dr Arzt

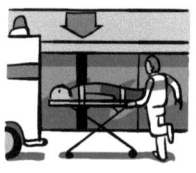

відділення швидкої медичної допомоги

d Notufnahm

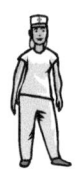

медсестра

d Chrankeschwöschter

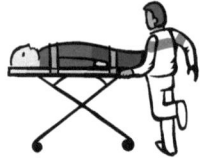

аварійний випадок

dr Notfall

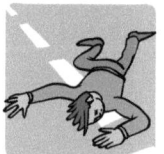

непритомний

ohnmächtig

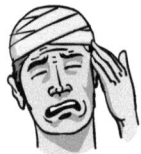

біль

dr Schmärz

травма

d Verletzig

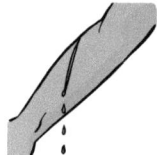

кровотеча

d Bluätig

інфаркт

dr Härzinfarkt

інсульт

dr Schlagahfall

алергія

d Allergie

кашель

dr Hueschtä

лихоманка

s Fieber

грип

d Grippe

пронос

dr Durchfall

головна біль

d Kopfschmärze

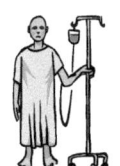

рак

dr Kräbs

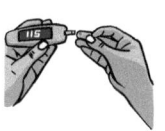

діабет

dr Diabetes

хірург

dr Chirurg

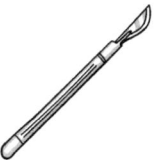

скальпель

s Skalpell

операція

d Operation

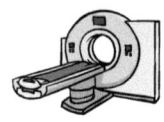

КТ

s CT

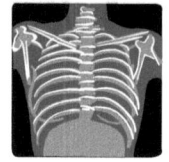

рентген

s Röntgä

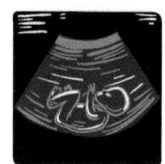

ультразвук

s Ultraschall

маска

d Gsichtsmaske

хвороба

d Krankhet

зал очікування

s Wartezimmer

милиця

d Krückä

пластир

s Pflaster

пов'язка

dr Vrband

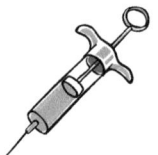

ін'єкція

d Injektion

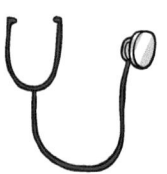

стетоскоп

s Stethoskop

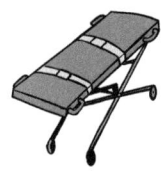

ноші

d Trage

термометр

s Thermometer

народження

d Geburt

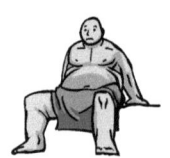

надмірна вага

s Übergwicht

слуховий апарат

s Hörgrät

дезінфікуючий засіб

s Desinfektionsmittel

інфекція

d Infektion

вірус

s Virus

ВІЛ / СНІД

s HIV / AIDS

медицина

d Medizin

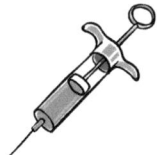

вакцинація

d Impfig

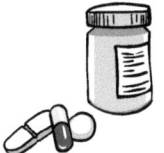

таблетки

d Tablette

протизаплідна пігулка

d Pille

екстрений виклик

dr Notruef

тонометр

s Bluetdruck-Mässgrät

хворий / здоровий

chrank / gsund

сигнал тривоги

dr Alarm

напад

dr Überfall

Допоможіть!

Hiufe!

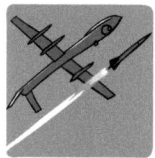

атака

dr Ahgriff

небезпека

d Gfohr

аварійний вихід

dr Notuusgang

Вогонь!

Füür!

вогнегасник

dr Füürlöscher

аварія

dr Unfall

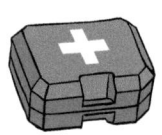

аптечка

dr Ersti-Hilf-Koffer

COC

SOS

поліція

d Polizei

Європа

s Europa

Північна Америка

s Nordamerika

Південна Америка

s Südamerika

Африка

s Afrika

Азія

s Asie

Австралія

s Auschtralie

Атлантика

dr Atlantik

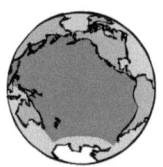

Тихий океан

dr Pazifik

Індійський океан

dr Indische Ozean

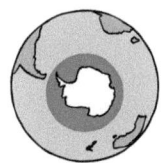

Антарктичний океан

dr Antarktische Ozean

Північний Льодовитий
океан

dr Arktische Ozean

Північний полюс

dr Nordpol

Південний полюс

dr Südpol

Антарктика

d Antarktis

Земля

d Ärde

суша

s Land

море

s Meer

острів

d Inslä

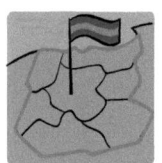

нація

d Nation

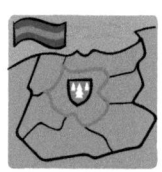

держава

dr Staat

циферблат

s Ziffereblatt

годинникова стрілка

dr Stundezeiger

хвилинна стрілка

dr Minutezeiger

секундна стрілка

dr Sekundezeiger

Котра година?

Wie spaht isch es?

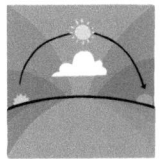

день

dr Tag

час

d Zit

зараз

jetzt

цифровий годинник

d Digitaluhr

хвилина

d Minute

година

d Stunde

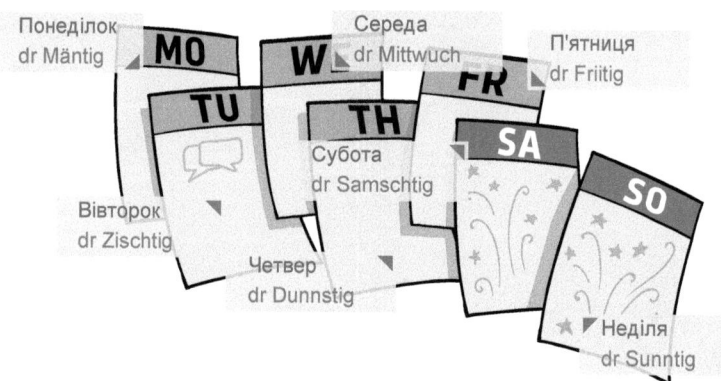

Понеділок
dr Mäntig

Середа
dr Mittwuch

П'ятниця
dr Friitig

Вівторок
dr Zischtig

Субота
dr Samschtig

Четвер
dr Dunnstig

Неділя
dr Sunntig

вчора

geschter

сьогодні

hüt

завтра

morn

ранок

dr Morgä

опівдні

dr Mittag

вечір

dr Aabig

робочі дні

d Wärktag

кінець робочого тижня

s Wuchenänd

рік

s Johr

веселка
dr Rägeboge
дощ
dr Räge
сніг
dr Schnee
вітер
dr Wind
весна
dr Früelig
осінь
dr Herbscht
літо
dr Summer
зима
dr Winter

4.APRIL 11°
5.APRIL 4°
6.APRIL 13°
7.APRIL 8°
8.APRIL 10°

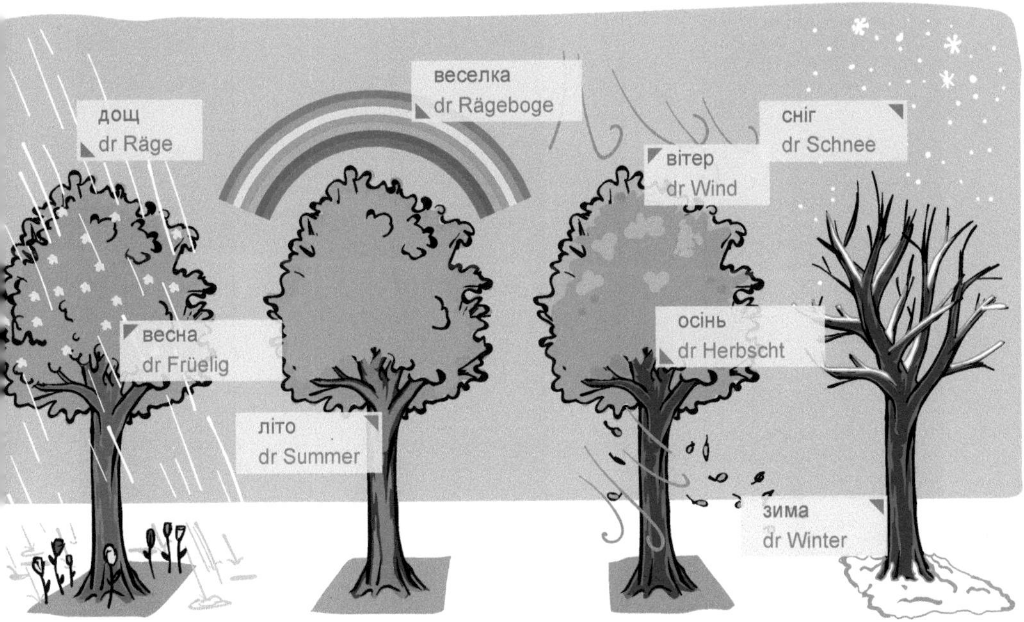

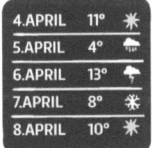

прогноз погоди

d Wättervorhärsag

F
C

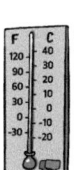

термометр

s Thermometer

сонячне світло

dr Sunneschiin

хмара

d Wolkä

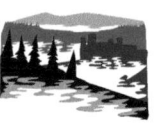

туман

d Näbel

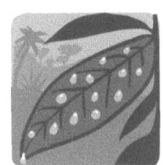

вологість повітря

d Fiechtigkeit

блискавка

dr Blitz

грім

dr Dunner

шторм

dr Sturm

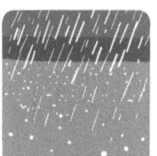

град

d Hagel

мусон

dr Monsun

повінь

d Fluet

лід

s Iis

Січень

dr Januar

Лютий

dr Februar

Березень

dr März

Квітень

dr April

Травень

dr Mai

Червень

dr Juni

Липень

dr Juli

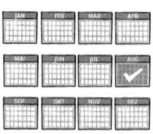

Серпень

dr Auguscht

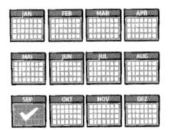

Вересень

dr Septämber

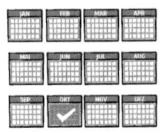

Жовтень

dr Oktober

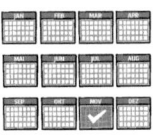

Листопад

dr Novämber

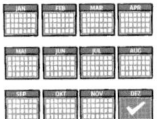

Грудень

dr Dezämber

форми
d Forme

круг

dr Kreis

квадрат

s Quadrat

прямокутник

s Rächteck

трикутник

s Dreieck

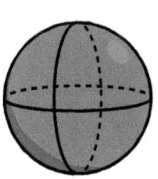

куля

d Chugele

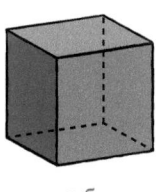

куб

dr Würfel

білий

wiss

жовтий

gäl

помаранчевий

orange

рожевий

pink

червоний

rot

фіолетовий

liila

синій

blau

зелений

grüen

коричневий

bruun

сірий

grau

чорний

schwarz

багато / мало

viel / wenig

лютий / мирний

hässig / ruhig

гарний / бридкий

hübsch / hässlich

початок / кінець

dr Ahfang / s Ändi

великий / малий

gross / chli

світлий / темний

hell / dunkel

брат / сестра

dr Brüeder / d Schwöschter

чистий / брудний

suuber / dräckig

завершений / незавершений

vollständig / unvollständig

день / ніч

dr Tag / d Nacht

мертвий / живий

tot / läbig

широкий / вузький

breit / schmal

їстівний / неїстівний

ässbar / nid ässbar

злий / дружній

bös / fründlich

збуджений / нудьгуючий

uffreggt / glangwilt

товстий / тонкий

dick / dünn

спочатку / востаннє

zerscht / zletscht

друг / ворог

dr Fründ / dr Find

повний / порожній

voll / läär

жорсткий / м'який

hart / weich

важкий / легкий

schwer / liecht

голод / спрага

dr Hunger / dr Durscht

хворий / здоровий

chrank / gsund

незаконний / законний

illegal / legal

розумний / дурний

intelligänt / gatz

вліво / вправо

links / rächts

поруч / далеко

nöch / wiit weg

новий / використаний

neu / bruucht

нічого / щось

nüt / öpis

старий / молодий

alt / jung

вкл / викл

ah / uss

відкрито / закрито

offe / zue

тихо / гучно

lislig / luut

багатий / бідний

riich / arm

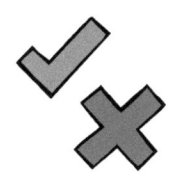

правильно / неправильно

richtig / falsch

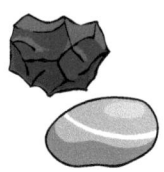

шорсткий / гладкий

rau / glatt

сумний / щасливий

truurig / glücklich

короткий / довгий

churz / lang

повільно / швидко

langsam / schnäll

вологий / сухий

nass / trochä

гарячий / холодний

warm / chalt

війна / мир

dr Chrieg / dr Friede

0

нуль

Null

1

один

eis

2

два

zwei

3

три

drü

4

чотири

vier

5

п'ять

foif

6

шість

sächs

7

сім

sibe

8

вісім

acht

9

дев'ять

nün

10

десять

zäh

11

одинадцять

elf

12

дванадцять

zwölf

13

тринадцять

drizäh

14

чотирнадцять

vierzäh

15

п'ятнадцять

füfzäh

16

шістнадцять

sächzäh

17

сімнадцять

siebzäh

18

вісімнадцять

achtzäh

19

дев'ятнадцять

nünzäh

20

двадцять

zwänzg

100

сто

Hundert

1.000

тисяча

Tuusig

1.000.000

мільйон

Million

англійська

Änglisch

американська англійська

Amerikanischs Änglisch

китайська
високочиновницька

Chinesisch Mandarin

хінді

Hindi

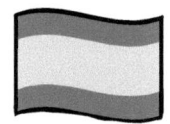

іспанська

Spanisch

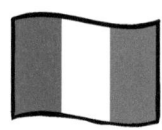

французька

Französisch

арабська

Arabisch

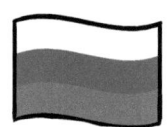

російська

Russisch

португальська

Portugiesisch

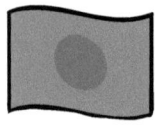

бенгальська

Bengalisch

німецька

Dütsch

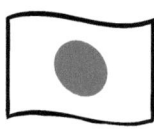

японська

Japanisch

я

ich

ти

du

він / вона / воно

är / sie / es

ми

mir

ви

ihr

вони

sie

хто?

wär?

що?

was?

як?

wie?

де?

wo?

коли?

wänn?

ім'я

Name

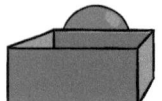

ззаду

hinder

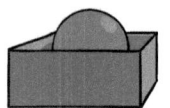

в

in

перед

vor

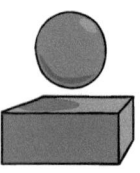

над

über

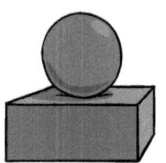

на

uf

під

under

біля

näbe

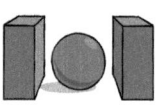

між

zwüsche

місце

dr Ort